ديْل الكلْب
مُمْكِن يِتْعِدِل

كتبْها مُحمّد عُثْمان

A Dog's Tale

Egyptian Arabic Reader – Book 9

by Mohamad Osman

lingualism

ISBN: 978-1-949650-18-1

Written by Mohamad Osman

Edited by Matthew Aldrich

Cover art by Duc-Minh Vu

Audio by Heba Salah Ali

website: www.lingualism.com

email: contact@lingualism.com

Introduction

The **Egyptian Arabic Readers** series aims to provide learners with much-needed exposure to authentic language. The books in the series are at a similar level (B1-B2) and can be read in any order. The stories are a fun and flexible tool for building vocabulary, improving language skills, and developing overall fluency.

The main text is presented on even-numbered pages with tashkeel (diacritics) to aid in reading, while parallel English translations on odd-numbered pages are there to help you better understand new words and idioms. A second version of the text is given at the back of the book, without the distraction of tashkeel and translations, for those who are up to the challenge.

New to this edition: the English translations have been revised for improved clarity and accuracy. Each story now also includes **20 comprehension questions** with example answers to help reinforce your understanding of the text. A **sequencing exercise** is provided as well, where you'll put ten key events from the story back in their correct order. These additions make the book even more useful for self-study, classroom use, or group discussions.

Visit www.lingualism.com/audio, to stream or download the free accompanying audio.

This book is also available in Modern Standard Arabic at www.lingualism.com/msar.

ديْل الكلْب مُمْكِن يِتْعِدِل

في يوْم مِن الأيّام كان فيه كلْب ماشي و في بُقُّه عضْمة. العضْمة دي كانِت مِتْغطّية بِاللّحْم شْوَيّة و مكانِتْش كِفايَة تِأكِّل حتّى جرْو، و لكِن ده اللي كان لقاه و هُوَّ بِيْدوّر في الزِّبالة.

الكلْب كان عضْمُه بايِن تحْت جِلْدُه. و جِلْدُه كان لوْنُه إسْوِد غامِق. كان فيه شْوَيِّة شعْر طالْعينْلُه في ديْلُه مِن تحْت و شْوَيّة في جِناب وِشُّه بسّ غيْر كِده كان يُعْتبر أمْلس.

كان ماشي بِسُرْعة خفيفة وِسْط النّاس، و الحمْدُ لِلّه مكانْش حدّ مُهْتمّ بِقُرْبُه مِنْهُم على عكْس الطّبيعي. في العادي النّاس كانِت يا إمّا بِتْخاف مِنُّه أَوْ بِتِحْدِفُه بالطّوب. و لكِن مكانْش فيه نّاس النّهارْده كِتير.

الكلْب عدّى بني آدم و قام مْحوِّد شِمال.

فجْأة سِمِع صوْت زُمّارِةْ عربية على شِمالُه بِيْقرّب بِسُرْعة عالْيَة جِدّاً و صوْت الكاوِتْش بِيِكْحت في الأسْفلْت. الكلْب اِتْفزع و حسّ بِرِعْشة في جِسْمُه. على شِمالُه كان فيه عربية كِبيرة واقْفة و كان فيه دُخّان أبْيَض طالِع مِن تحْت الكاوِتْش.

One day, there was a dog walking around with a bone in its mouth. The bone had a bit of meat on it—not enough to feed even a puppy—but it was what he had found while rummaging through the trash.

The dog's bones were visible under his skin. His skin was a dark black color. He had a bit of fur growing on his tail from underneath, and a bit on the sides of his face, but otherwise, he was practically hairless.

He was walking slowly through the crowd, and thankfully, no one seemed to care that he was near them, which wasn't the usual. Normally, people would either be afraid of him or throw stones at him. But today, there weren't many people around.

The dog passed a human and then veered to the left.

Suddenly, he heard the sound of a car horn on his left, coming very fast, and the screech of tires on the asphalt. The dog panicked and felt a shiver through his body. To his left, there was a large car parked with white smoke rising from under the tires.

بعْد لحْظة كان فيه راس بني آدم خارْجة مِن الشِّبّاك و كان بِيِعْمِل صوْت عالي و وِشُّه مِكشّر. الكلْب فِضِل باصِصْلُه شْوَيّة و وِدانُه نازْلة.

بعْد ما عِرِف إنّ مفيش خطر، الكلْب اِتْأكِّد إنّ الشّارِع مفيهوش عربيات تانْيَة و قام دخل في الشّجر.

كان بعْد المدْخل اللي كُلُّه شجر ده جِنيْنة صُغيرّة، و النّاس اللي كانوا بِيِدْخُلوا هِنا كانوا قُليِّلين.

ده لَوْ كان فيه أثار لِوُجود النّاس في الجِنيْنة الرّمْلية دي كانوا مِش هَيْكونوا غيرْ أكْياس البِلاسْتيك المِلوِّنة و اللي مِش مِلوِّنة.

كانِت الجِنيْنة عِبارة عن أرْض رمْلية و شْوَيِّةْ زرْع و شجرة كِبيرة في النُّصّ، و تحْت الشّجرة كان فيه كلْبة نايْمة و مِدّية ضهْرها ليه[1].

الكلْب كان شايِف بَياض جِلْدها مِن عنْدُه، و حسّ بِفرْحة لمّا عيْنُه جت عليْها.

قام راحْلها و ديْلُه بِيِلْعب.

حسِّت بيه و لفِّت راسْها. عيْنيْها كان باين فيها التّعْب، و معَ ذلِك كان شايِف الفرْحة اللي فيها.

Audio Track Timestamp: [1:40]

A moment later, a human head popped out of the window, making a loud noise with an angry face. The dog stared at him for a while, ears drooping.

Once he realized there was no danger, the dog made sure no other cars were coming and entered the bushes.

Just past that tree-filled entrance was a small garden, and not many people came in there.

If there were any signs of human presence in that sandy garden, they would be just some colored and uncolored plastic bags.

The garden was basically sandy ground with a bit of greenery and a big tree in the middle, and under the tree was a female dog lying down with her back to him.

The dog could see the whiteness of her skin from where he was, and he felt joy when his eyes landed on her.

He walked over to her, his tail wagging.

She sensed him and turned her head. Her eyes showed exhaustion, but even so, he could see the happiness in them.

---

[1] مِدّية ضهْرها ليه lit. *giving her back to him*

و جَنْبها كان نايِم خمس جراوي صُغيّرين، يادوْبك عنْدُهُم كام أُسْبوع. الكلْب حسّ بِنوْع مِن الإطْمِئْنان لمّا شاف مِراتُه و وِلادُه... بسّ كان فيه حاجة غلط. الكلْب نزِّل العضْمة قُدّام مِراتُه.

فيْن إبْنُه السّادِس؟

و كإنّ إبْنُه كان سامِع تفْكيرُه، الكلْب سِمِع صوْت حاجة جايّة مِن وَراه. لفّ و شاف كُتْلة صُغيّرة، خليط مِن الإسْوِد و الأبْيَض، جايّة جرْي و في بُقّها[1] حاجة.

لمّا إبْنُه قرّب كِفايَة الكلْب لاحِظ إنّ كان اللي في بُقّ إبْنُه شريحة صُغيّرة مِن العضْمة اللي كانِت في بُقُّه هُوَّ ذات نفْسُه. الواضِح إنّها كانِت واقْعة مِنُّه و هُوَّ مِش واخِد بالُه.

الجرْو وَصل عنْد أبوه و نزِّل الشّريحة اللي كانِت في بُقُّه و ديْلُه بِيِلْعب. قام جاري مِن قُدّام أبوه و راح على أُمُّه و إخواتُه.

ده كان الجرْو الأكْتر حَيَوية في الخِلْفة دي، و كان أذْكاهُم كمان. لفّ عشان يِبُصّ على إبْنُه لقاه اِخْتفى تاني.

بسّ رِجْلُه كانِت بايْنة في الأرْض. الجرْو كان مِشي شُوَيّة في الرّمْل قبْل ما يُدْخُل شِمال و يُخْرُج على الشّارِع.

[3:08]

Next to her were five tiny puppies, just a few weeks old. The dog felt a kind of comfort when he saw his mate and their children... but something was wrong. He placed the bone in front of his mate.

Where was the sixth pup?

As if his pup had heard his thoughts, the dog heard a sound coming from behind him. He turned and saw a small bundle—black and white—running toward him with something in its mouth.

As his pup got close enough, the dog noticed that what was in his pup's mouth was a small piece of the bone that had been in his own mouth. Apparently, it had fallen without him noticing.

The pup reached his father and dropped the piece that was in his mouth, his tail wagging. Then he ran past his father to join his mother and siblings.

This was the liveliest pup of the litter—and the smartest too. He turned to look at his pup again but found he had disappeared.

But his paw was visible on the ground. The pup had walked a bit in the sand before turning left and heading out to the street.

---

[1] Here, we have the feminine pronoun ـها (even though we are talking about a male dog/pup) because it refers back to the noun كُتْلة bundle, which is a feminine noun.

يُخْرُج على الشّارِع... الشّارِع! خطر!

الكلْب جِري وَرا أثار رِجْل إبْنُه و عدّى في الشّجر و طِلِع على رصيف الشّارِع فجْأة.

مكانْش فيه عربيات. بصّ يمِين... شُوَيِّةْ ناس. بصّ شِمال... شاف إبْنُه. ديْلُه بيلعب و قُدّامُه قُطّة. و هُوَّ بِيْبُصّ على القُطّة، لقاها بِتِضْرب إبْنُه على وِشُّه.

تِلْقائِيّاً الكلْب جِري ناحْيِتْهُم و هُوَّ بِيْهَوْهَوْ بِصوْت عالي و ديْلُه واقِف. القُطّة أوِّل ما شافِت الكلْب هِرْبِت النّاحْيَة التّانْيَة.

و إبْنُه كان بِيْصوّت مِن الضّرْبة و بِيِجْري ناحْيِتُه. لمّا قرّب مِنُّه الكلْب لاحِظ إنّ كان فيه دمّ حَوالِيْن عيْن الجرْو، بسّ مِن حُسْن حظُّه إنّ الضّرْبة مجابِتْش عيْنُه ذات نفْسها.

الجرْو كان بِيْطلّع صوْت عِياط و دخل بِراسُه في رِجْل أبوه و ديْلُه ما بين رِجْليْه.

الإصابة على قدّ ما كانِت بسيطة، هتِفْضل مِعلّمة على إبْنُه بقية عُمْرُه، مجازِيّاً و حرْفِيّاً.

[4:46]

Out to the street... the street! Danger!

The dog ran after his pup's paw prints, through the trees and suddenly out onto the street sidewalk.

There were no cars. He looked to the right... a few people. He looked to the left... he saw his pup. Its tail was wagging, and there was a cat in front of it. As the pup looked at the cat, the cat swatted it across the face.

Instinctively, the dog ran toward them, barking loudly, his tail stiff.

As soon as the cat saw the dog, it ran off in the other direction.

The pup was crying from the hit and ran toward him. When the pup got close enough, the dog noticed there was blood around the pup's eye, but luckily, the hit didn't land directly on the eye itself.

The pup was whimpering and pressed its head against its father's leg, tail tucked between its legs.

The injury, while minor, would leave a mark on the pup for life— both figuratively and literally.

❖ ❖ ❖

صوْت هَوْهَوةْ الكِلاب كان مِسمّع في حِتّة مِن مكان الواحِد يِفْتِكِر إنُّه بسّ صحرا، لكِن في الحقيقة هِيَّ كانِت أرْض واسْعة كان بِيِتْبِني فيها نوْع مِن أنْواع المباني بِتاعِةْ البني آدْمين. المُهِمّ كان جُوّه المبْنى اللي كان لِسّه عِبارة عن طوب و مونِةْ أسْمنْت مجْموعة مِن الكِلاب مِن الواضِح إنّها هايْجة.

و السّبب البسيط إنُّه كان فيه فار الحقيقة مكانْش وَلا واحِد مِن الكِلاب عارِف يمْسِكُه، و كان بقالْهُم فترْة على الحال ده... مِسْتنيِّينُه يِطْلع مِن الإخْرام اللي كانِت ماليَة المبْنى عشان يِهْجِموا عليْه في نفْس الوَقْت لِحدّ أمّا يِرْجُع يِسْتخبّى في خُرْم مِن الإخْرام تاني.

كانوا خمس كِلاب وَرا فار واحِد، و معَ ذلِك حتّى بِحجْمُهُم و بِسُرْعِتْهُم كان الفار أذْكى مِنْهُم.

لِحدّ أمّا فجْأة المجْموعة شافِت الفار خارِج مِن خُرْم بِعيد عنْهُم لِدرجِةْ إنّ أسْرعْهُم مكانْش هَيِلْحقُه مهْما حاوِل.

[6:10]

❖   ❖   ❖

The sound of dogs barking echoed in a place that might seem like just desert, but in fact, it was a wide open area where a kind of human building was being constructed. Inside the building, which was still just bricks and cement, was a group of clearly agitated dogs.

And the simple reason: there was a mouse. None of the dogs had managed to catch it, and they'd been at it for a while... waiting for it to come out from one of the many holes in the building so they could all attack at once before it slipped back into another hole.

There were five dogs after one mouse, and yet, despite their size and speed, the mouse was smarter than all of them.

Until suddenly, the group saw the mouse come out of a hole far enough away that even their fastest member wouldn't be able to catch it, no matter how hard he tried.

و معَ ذلِك ظهر الكلْب السّادِس النّاحْيَة التّانْيَة مِن الممرّ اللي كانوا واقْفين فيه. كان أبْيَض في إسْوِد و أوِّل ما شافوه كان أصْلاً خلاص عيْنُه على الفار اللي أه هِرِب مِن خمس كِلاب... و لكِن كان بدأ يِكون واثِق في نفْسُه بزِيادة أَوْ غِلِط غلْطة بِتمن حَياتُه. أيّاً ما كان هُوَّ في الآخِر معْرفِش يِهْرب مِن الكلْب السّادِس اللي كان وُجودُه غير مُتوَقّع بِالمرّة.

في عفْرة مِن التُّراب و زمْجرة مِن الكلْب، و صُويت الفار، عملية الصَّيد خِلْصِت.

و بعْد ثَواني ظهرْلِهُم أخوهُم وِسْط التُّراب و في بُقُّه جُثِّةْ الفار.

إن دايْماً هُوَّ اللي بِيْخلّص الدُّنْيا... محدِّش كان عارِف أيْه سبب تفوُّقه الشّاسِع على إخْواتُه. يمْكِن السّبب هُوَّ أثر الجرْح اللي على عيْنُه و كان أخدُه مِن قُطّة لمّا كان جرْو.

يمْكِن لَوْ حدّ فيهُم جاب قُطّة يِبْقى أحْسن مِنُّه. حتّى هُوَّ ذات نفْسُه مكانْش يِقْدر يِجْري وَرا قُطّة. أكيد سبب الإصابة دي كان مِعلِّم معاه!

كالمُتَوَقّع، و كعادة لأيّ كلْب، أخوهُم عدّى بِجايْزِتُه مِن قُدّامْهُم.

و وَلا واحِد فيهُم كان يِقْدر يِكلِّمُه.

And yet, from the other side of the corridor they were standing in, the sixth dog appeared. He was black and white, and the moment they saw him, his eyes were already locked on the mouse—the same mouse that had just escaped five other dogs... but he had grown overconfident or made a mistake that would cost him his life. Either way, in the end, he couldn't escape the sixth dog—whose appearance was completely unexpected.

In a puff of dust, a growl from the dog, and a squeal from the mouse, the hunt was over.

Seconds later, their brother appeared from the dust with the mouse's corpse in his mouth.

He was always the one who got things done... no one knew the reason for his remarkable advantage over his brothers. Maybe it was the scar near his eye from the cat that scratched him when he was a pup.

Maybe if one of them had been scratched by a cat, they'd be better too. Even he himself couldn't chase after a cat anymore. That injury had clearly left a mark!

As expected, and as is the custom for any dog, their brother walked past them with his prize.

And not one of them could say a word to him.

❖ ❖ ❖

بعْد فترْة مِش قُصيرّة الكلْب كِبِر و بقى مُسْتقِلّ بِذاتُه، و آخِر مرّة شاف، و هَيْشوف، فيها أهْلُه كان برْضُه مِن فترْة كْبيرة. كان ساعات بِيِزْعل على فِراقُه ليهُم، بسّ دي كانِت سُنِةْ الحَياة و كان دوْرُه جِهْ خلاص إنُّه يِبْدأ أُسْرة.

و مكانْش هُوَّ لِوَحْدُه اللي مِشي. كُلّ واحِد مِن إخْواتُه شاف سِكِّتُه هُوَّ كمان.

حَياةْ الكلْب لِوَحْدُه على قدّ ما بِتْكون صعْبة كانِت برْضُه بِتْكافئُه لَوْ هُوَّ سعى و فِضِل مُبْدِع في طُرُق يِلاقي بيها أكْل يِعيِّشُه و لَوْ أُسْبوع كمان. و على قدّ ما كان فيه كِلاب تانْيَة كِتير بِتْنافِس على الأراضي و على الأكْل كان فيه كِفايَة مِن الاِتْنيْن لِلكُلّ، و ساعات بِزِيادة كمان.

ده غيرْ إنّ على قدّ ما كان فيه بني آدْمين بِيِكْرهوا كِلاب الشّارِع اللي زيُّه. كان فيه ناس عنْدها قلْب و بِتِدّيلُه أكْل و حنان كمان. الدُّنْيا كان فيها خيرْ لِللي بِيْدوّر على الخيرْ و فيها شرّ لِللي بِيْدوّر على الشّرّ.

و دِلْوَقْتي كان بِيْدوّر على الأكْل. لِلأسف كان بقالُه فترْة كْبيرة مشْبِعْش و بِسبب ده كان الأكْل مِن مُتطلّباتُه المُتكرِّرة في اليوْم الواحِد.

✧ ✧ ✧

After a long time, the dog grew up and became independent. The last time he saw—and would ever see—his family was also a long time ago. Sometimes he felt sad about leaving them, but that's just how life goes, and it was his time to start his own family.

And he wasn't the only one who left. Each of his siblings had found their own path, too.

Life alone for a dog was hard, but it also rewarded him if he kept trying and stayed creative in finding food to survive even one more week. And though there were many other dogs competing for space and food, there was usually enough of both for everyone— sometimes even extra.

Besides, for every human who hated street dogs like him, there were also those with kind hearts who gave him food—and even affection. The world had good for those who looked for good, and bad for those who looked for bad.

And now, he was looking for food. Unfortunately, it had been a long time since he'd felt full, so food had become one of his recurring daily needs.

آخِر مرّة أكل كان بَواقي عضْم فِراخ مِن الزِّبالة.

❖ ❖ ❖

الدُّنْيا ضلْمة و عمْرو كان حاسِس بِالخنْقة الشِّديدة. وِشُّه كان مِتْغطّي بِكيس بِلاسْتيك إسْوِد و هُوَّ كان مِتْكتِّف بِجنْزير حديد. الجنْزير كان قافِش على مِعْصمُه بقالُه أكْتر مِن ساعْتينْ. أكيد كان بدأ يِوْرم. العطش كان هَيْموِّتْه.

فجْأة العربية وِقْفِت. بعْد ثانْيَة سِمِع صوْت باب العربية بِيِفْتح و بِيِقْفِل. بعْدها نفْس الكلام معَ الباب المِعاكِس.

"أكيد وَصلوا لِمكان مُنْعزِل. آه يا وِلاد الكِلاب!" عمْرو قال في سِرُّه.

فجْأة باب الشّنْطة بِتاعِةْ العربية فتح و عمْرو حسّ بِهَوا و شمْس حتّى و وِشُّه مِتْغطّي بِالكيس. واضِح إنّ شُوَيّة كمان جُوّه الشّنْطة و كان هَيْموت مِن الخنْقة.

كان فيه اِتْنينْ زمايِل ليه خاطْفينُه بِسبب إنُّه كان ناوي يِخونْهُم. مكانْش عارِف كانوا ناوين يِعْمِلوا فيه[1] أيْه.

[10:58]

The last time he ate was leftover chicken bones from the trash.

❖   ❖   ❖

It was dark, and Amr felt a deep sense of suffocation. His face was covered with a black plastic bag, and he was tied with an iron chain. The chain had been tight on his wrists for over two hours. It had definitely started to swell. The thirst was killing him.

Suddenly, the car stopped. A second later, he heard the sound of a door opening and closing. Then the same thing happened on the opposite door.

"They must've reached a remote place. Damn those sons of dogs!" Amr said to himself.

Suddenly, the car's trunk opened and Amr felt air and sunlight even though his face was still covered with the bag. Clearly, a few more minutes inside the trunk and he would've suffocated.

Two of his former friends had kidnapped him because he was planning to betray them. He had no idea what they were planning to do to him.

---

[1] عمل في to do (something) to (someone); here, فيه means to *him*, not *there is/are*.

حدّ فيهُم مِسِك عمْرو مِن دِراعُه و نزِّلُه على رِكْبِتُه بعْدها شدّ الكيس. نور الشّمْس كان يِعْمِي، بسّ بعْدها بِشُوَيّة شاف وِشّ زمايْلُه و وَراهُم مبْنى لِسّه طوب و أسْمنْت[1]. مكانْش فيه روْح في المكان. عمْرو مكانْش عارِف هُوَّ فيْن. عُمْرُهُم ما كانوا بِياخْدوا حدّ المكان ده لمّا كانوا بِيِخْطفوه.

"مِنوّر يا حيلِتْها[2]." زميل عمْرو قالْها و كان في وِشُّه الاِشْمِئْزاز.

"إنْتو جِبْتوني فيْن؟" عمْرو سأل و في صوْتُه شُوَيِّة خوْف.

"إحْنا مِش جايْبينك هِنا عشان تِسْألْنا يا صاحْبي!" زِميل عمْرو التّاني ردّ. "إنْتَ ليْلْتك سوْدا النّهارْده."

"و لَوْ حافِظ أيّ أدْعِيَة أنْصحك تِبْدأ مِن دِلْوَقْتي إنّ وِشّك يِرْجع زيّ ما هُوَّ."

"مِش فاهِم... يِرْجع فيْن و مِن أيْه؟"

"إنْتَ يابْني تِحْمِد ربّك إنّك لِسّه عايِش. لوْلا العِشْرة كان زماني دفنْتك مكان ما إنْتَ قاعِد."

[12:22]

One of them grabbed Amr by the arm, forced him onto his knees, then yanked off the bag. The sunlight was blinding, but after a moment, he saw his friends' faces and behind them an unfinished building of bricks and cement. The place was completely deserted. Amr didn't know where he was. They had never brought anyone here when they kidnapped them before.

"Look who it is," one of Amr's friends said with disgust on his face.

"Where did you bring me?" Amr asked, his voice carrying a hint of fear.

"We didn't bring you here to ask questions, buddy!" the other one replied. "Tonight's your unlucky night."

"And if you know any prayers, I suggest you start now—if you want your face to stay the same."

"I don't get it... stay the same from what?"

"You should thank God you're still alive, kid. If it weren't for old times' sake, I'd have buried you right where you're sitting."

---

[1] طوب و أَسْمَنْت lit. *bricks and cement*

[2] In the insulting epithet, the pronoun ـها refers to أُمّ *one's mother*, so it literally means *strength of [one's] mother*, implying a mama's boy.

الضّرْبة اللي نِزْلِت على وِشّ عمْرو كانِت هتْخلّيه يُغْمى عليْه، بسّ فِضِل فايِق حتّى و الدُّنْيا بِتِسْوَدّ و وِدْنُه عمّالة تزِنّ. عمْرو مكانْش فاهِم هُوَّ اِتْضرب بِأيْه بسّ بِغضّ النّظر هُوَّ كان حاسِس إنّ راسُه اِتْفتحِت.

يادوْبك فاق شُوَيّة عشان يِلْحق يِشوف عصايَة خشب في إيد الواد و هِيَّ نازْلة عليْه.

الضّرْبة دي جابِتُه الأرْض فِعْلاً، بسّ لِلأسف كان لِسّه فايِق عشان يِحِسّ بِالضّرْبات الجايّة.

"حظّ أُمّي المنيِّل!" عمْرو قال في سِرُّه.

"أيْه ده؟ طِلِع مِنيْن ده؟" واحِد مِنْهُم قال. كان في صوْتُه نوْع مِن الخوْف.

"معْرفْش... هُوَّ مالُه كِبير كِده ليْه؟ اِرْجع يَلّا! اِرْجع!" التّاني زعّق، بسّ مكانْش بيْزعّق لِزْميلُه و أكيد مِش لِعمْرو. كان فيه حدّ تاني.

عمْرو سِمِع صوْت رِجْل جنْبُه، بسّ مكانِتْش رِجْل بني آدم... و اِتْأكِّد مِن ده لمّا سِمِع صوْت زمْجرِةْ كلْب.

"ده بيْزمْجر كمان!"

"بقولّك أيْه، إحْنا مِش ناقْصين قرف. طلّعْلُه المُسدّس!"

"مُسدّس أيْه يابْني إنْتَ كمان؟ ما قُلْنا مفيش مُسدّسات."

[13:41]

The blow that landed on Amr's face nearly knocked him out, but he stayed conscious, even though his world was going black and a ringing filled his ears. He didn't know what hit him, but it felt like his head had split open.

He barely came to just in time to see a wooden stick in the guy's hand coming down on him.

That blow took him to the ground for real, but unfortunately, he was still conscious enough to feel the next hits.

"My cursed luck!" Amr said to himself.

"What the hell? Where did that come from?" one of them said, with fear in his voice.

"I don't know… why is it so big? Back off, now! Back off!" the other shouted, but he wasn't yelling at his friend—and definitely not at Amr. There was someone else.

Amr heard a footstep next to him, but it wasn't a human foot… and he was sure of it when he heard the growl of a dog.

"It's growling too!"

"Listen, man, we don't need this crap. Pull out the gun!"

"What gun, man? I told you—we don't have any guns."

الكلْب هَوْهَوْ مرّة واحْدة و لوْلا إنّ عمْرو كان على وَشك إنُّه يُغْمى عليْه كان زمانُه طار مِن الخضّة.

"يابْن الجزْمة!" حدّ فيهُم قال. عمْرو مكانْش قادِر يِفرّق بيْن صوْتْهم خلاص.

"يَلّا على العربية!"

صوْت زمْجرة أعْلى. عمْرو سِمِعْهُم بيِجْروا و بعْد كِده سِمِع صوْت الكلْب بيِجْري وَراهُم.

"ااااه! عضّني! عضّني إبْن المرة!"

"اِرْكب بِسُرْعة!"

عمْرو اِبْتسم لِنفْسُه شُوَيّة. كان صوْتْهُم بِعِد على إنُّه يِترْجِم أيْه اللي بيِحْصل. "أه... واللّه و بعْد كُلّ ده و هموت على إيد كلْب! أيْه يا دُنْيا، مَوَراكيش[1] غيرْي وَلّا أيْه؟"

❖ ❖ ❖

عمْرو فاق. السّما قُدّامُه كان زرْقان صافي[2]، و مكان الشّمْس مكانْش اِتْغيرّ أوي. اللي هُوَّ يا إمّا عدّى خمس دقايِق يا إمّا أرْبعة و عِشْرين ساعة.

[15:24]

The dog barked once, and if Amr hadn't been on the verge of passing out, he would've jumped out of his skin.

"You son of a shoe!" one of them yelled. Amr couldn't tell their voices apart anymore.

"Get to the car!"

A louder growl. Amr heard them running, and then he heard the dog chasing after them.

"Ahhh! He bit me! The son of a—!"

"Get in the car, quick!"

Amr smiled to himself a little. Their voices were enough to tell what was happening. "Ah... so after all this, I'm going to die at the paws of a dog! Really, world? You got no one else but me?"

Amr came to. The sky above him was clear blue, and the sun hadn't shifted much. Which meant either five minutes had passed—or twenty-four hours.

---

[1] وَرا *behind* can be used methaphorically to mean you have something (a task, obligation) to do. Used as a pseudo-verb (as is the preposition في/مفيش), it can be sandwiched between مـ ـش : وَراكي *behind you (f.)*; مَوَراكيش غيْري؟ *Don't you have anything else to do besides [bother/mess with] me?*

[2] سما is feminine, but كان زرْقان صافي is masculine referring to the implied masculine noun لوْن *color*.

عمْرو ملاحِظْس الصُّداع الشّديد غيرْ بعْد ثَواني مِن فَواقانُه، و كان لِسّه صوْت الزّنّ شغّال في وِدْنُه. و هُوَّ بِيِتْألِّم قام قعد و بصّ حَواليْه. مكانْش فيه لا زمايْلُه وَلا عربية... وَلا الكلْب.

عمْرو لاحِظ إنّ كان فيه بُقْعة دمّ على الأرْض مطْرح ما كان حاطِط راسُه. "كان مُمْكِن المَوْضوع يِبْقى أسْوأ مِن كِده!"

عمْرو سِمِع صوْت هَوْهَوَة و شاف الكلْب لِأوِّل مرّة. كان كِبير و لوْنُه خليط مِن الإسْوِد و الأبْيَض. كان جايّ ناحْيِتُه و هُوَّ بِيُعْرُج و باصِصْلُه في عيْنيْه. واضِح إنّ المَوْقِف كان أمان و إنّ الكلْب مكانْش ناوي يِعْمِلُّه حاجة. ده بِالعكْس... الكلْب دافع عنُّه و اِتْوَجع عشانُه.

"اللّه أعْلم الكلْب ده جِهْ منينْ."

و دِلْوَقْتي كان عليْه إنُّه يِوْصل لِأيّ مكان فيه ناس عشان يِشوف الإصابة اللي في راسُه و يِرْجع لِحَياتُه الطّبيعية.

❖ ❖ ❖

عمْرو صِحي في سرير، مِتْغطّي و في أوْضة غريبة لِوَحْدُه. بصّ فوْق لقى مرْوَحة مِتْعلّقة في السّقْف و كانِت يادوْبك على قدّها[1]. كان جنْبُه شِبّاك مِدخّل نِسْمِة هَوا و الوَقْت كان باين إنُّه العصْرية.

Amr didn't notice the throbbing headache until seconds after waking up, and the ringing was still going in his ears. Groaning, he sat up and looked around. No friends... no car... no dog.

Amr noticed a bloodstain on the ground where his head had been resting. "Could've been worse than this, honestly!"

Amr heard barking and saw the dog for the first time. It was big and black-and-white. It was limping toward him, looking him straight in the eyes. Clearly, things were safe now, and the dog didn't mean him any harm. On the contrary... the dog had defended him and got hurt for him.

"God knows where this dog came from."

Now, he had to get to somewhere with people, so he could get his head injury checked and return to his normal life.

❖   ❖   ❖

Amr woke up in a bed, covered, in a strange room, alone. He looked up and saw a ceiling fan that barely fit the room. There was a window beside him letting in a breeze, and it looked like late afternoon.

---

[1] يادوْبك على قدّها barely sufficient

اِفْتكر إصابْتُه و جِهْ يِحُطّ إيدُه على راسُه، لقى فيه رُباط حَواليْن راسُه.

قبْل ما يِلْحق يِترْجِم دخل عليْه راجِل كِبير في السِّنّ. كان ماسِك صِنية فيها عيْش، فول و طعْمية، و كوبّايِةْ مايّة. "أخيراً فُقْت! يا جدع، كُنْت مِخوِّفْني عليْك!"

"هُوَّ أنا فيْن؟"

"نوِّرْت قرْيِةْ البُلْقاس!" الرّاجِل اِبْتسم و حطّ الصِّنية على الكُرْسي و شدّ واحِد تاني و قعد عليْه. "اِحْكيلي بقى... إنْتَ أيْه اللي جرالك؟"

"واللّهِ يا حاجّ[1]، اللي حصل إنّ كان فيه اِتْنيْن طِلْعوا عليّا و خطفوني و ضربوني زيّ ما إنْتَ شايِف كِده... بسّ الحمْدُ لِلّه ربِّنا ستر."

"فِعْلاً، إحْمِد ربّك إنّها جت على قدّ كِده. خيرْ يابْني... بسّ بِصراحة كلْبك ده إنْتَ تمِسك فيه بِإيديْك و سِنانك[2]."

عمْرو اِسْتغْرب. "ليْه؟ هُوَّ عمل أيْه؟"

[18:13]

He remembered his injury and reached for his head, finding a bandage wrapped around it.

Before he could make sense of things, an older man came in carrying a tray with bread, ful, falafel, and a glass of water. "Finally, you're awake! Man, you had me worried!"

"Where am I?"

"Welcome to the village of Bulqas!" the man smiled, set the tray on a chair, pulled another over, and sat. "Now tell me... what happened to you?"

"Honestly, Hajj¹, what happened was two guys came at me, kidnapped me, and beat me up like you can see... but thank God, He protected me."

"Really, you should thank God it wasn't worse. But listen, son... you better hold on tight to that dog of yours.²"

Amr was puzzled. "Why? What did he do?"

_____

¹ حاجّ lit. *hajji* (pilgrim) is a respectful form of address to an elderly man (regardless whether he has actually completed the hajj to Mecca). For a woman, it is حاجّة.

² تِمْسك فيه بإيدِيْك و سِنانك lit. *hold onto him/it with your hands and teeth*, that is, don't let him go; he's a keeper.

"لوْلاه يا باشا كان زمانك لِسّه في الصّحرا. ده جِهْ لِحدّ القرْيَة و قعد يهَوْهَوْ على كُلّ واحِد مِعدّي مِن جنْبُه لِحدّ أمّا شافْني أنا و لقيْتُه بِيْهَوْهَوْ عليّا و يِجْري بِعيد شُوَيّة. مِش خَوْفاً مِنّي لأ، بسّ و كإنُّه بِيْقولّي تعالى وَرايا. بِصراحة و الحمْدُ لِلّه الفُضول خدْني و مِشيْت وَراه، و فترْة كِبيرة. معْرفْش أيْه اللي خلّاني وَراه كُلّ ده. سُبْحان اللّه يا أخي!"

عمْرو فِضِل ساكِت شُوَيّة. معْقولة كُلّ ده حصل؟ "إسْمك أيْه يا حاجّ؟"

"أنا الحاجّ سعيد."

"أهْلاً و سهْلاً يا حاجّ سعيد. أنا عمْرو."

"عاشِت الأسامي[1] يا عمْرو... اِتْشرّفْت بمِعْرِفْتك." الرّاجِل قام و مدّ إيدُه.

عمْرو خدْها و سلِّم عليْه. "الشّرف لِيّا طبْعاً. مِش عارِف أقْدر أشْكُرك إزّاي... بسّ الكلْب كان مِتْعوّر في إيدُه... حدّ عالِجْهالُه؟"

"ودّاناه لِطبيب بيْطري بِتاع القرْيَة. الكلْب إيدُه تمام و بِيِمْشي عليْها زيّ الفُلّ دِلْوَقْتي."

"طب هُوَّ فيْن؟"

"هتْلاقيه برّه بِيِتْمشّى. اِسْتنّى أنْدهْهولك." الرّاجِل اِتّجهْ ناحْيِةْ الباب بسّ وِقِف تاني. "هُوَّ إسْمُه أيْه صحيح؟"

[19:25]

"If it weren't for him, you'd still be out in the desert. He came all the way to the village and started barking at everyone who passed by until he saw me. Then he barked at me and ran off a bit—not because he was scared of me, but like he was telling me to follow him. Honestly, thank God, curiosity got the better of me and I followed him—and for a long while. I don't know what made me keep going. God works in mysterious ways, brother!"

Amr stayed silent for a bit. Could all of this really have happened? "What's your name, Hajj?"

"I'm Hajj Saeed."

"Nice to meet you, Hajj Saeed. I'm Amr."

"Pleasure to meet you too, Amr... may your name live on." The man stood and reached out his hand.

Amr took it and shook hands. "The pleasure's mine, of course. I don't know how to thank you... but the dog had a wound on his leg... did anyone treat him?"

"We took him to the village vet. His leg is perfectly fine now—he's walking on it like a champ."

"So where is he?"

"You'll find him outside, walking around. Hold on, I'll call him for you." The man headed toward the door but stopped again. "What's his name, by the way?"

---

[1] عاشِت الأسامي lit. *the names lived*; a set expression said when someone tells you their name during introductions

عمْر كان لازمِ يِفكّر بِسُرْعة و قال: "ركْس."

"ركْس... تمام."

عمْرو فِضِل يِفكّر شُوَيّة..."بايِنْلي كِده بقى عنْدي كلْب."

❖ ❖ ❖

القرْيَة كانِت نِسْبِيّاً فاضْيَة، و عدد سُكّانْها كان قُلَيِّل، و عدد زُوّارْها كانوا لِسّه أقلّ. كان حُسْن حظُّه إنّ واحِد مِن البني آدْمين دوْل فِهِم هُوَّ كان يُقْصُد أيْه.

الكلام معَ البني آدْمين كان مِن أصْعب الحاجات، بسّ لِسببٍ ما الرّاجِل اللي شعْرُه أبْيَض ده فِهِم هُوَّ كان عايِز أيْه.

المُهِمّ إنُّه فِهِم الكلْب كان عايِز أيْه و فِعْلاً ساعِد الرّاجِل المُصاب ده. لِسبب الكلْب مكانْش عارِف تفْسيرُه حسّ بِتعلُّق ناحْيِةْ الرّاجِل الغريب ده، معَ إنُّه متْعامِلْش معاه قبْل كِده، وَلا كان الرّاجِل أكِّلُه مرّة قبْل كِده.

بسّ بعْد إنْقاذُه مِن الاِتْنيْن دوْل و حتّى تحمُّلُه لإِصابة في رِجْلُه عشان يِنْقِذ الرّاجِل الغامِض ده، كان حاسِس بِتعلُّق شِديد تِجاهْهُ... و كإنُّه واحِد مِن إخْواتُه.

[21:02]

Amr had to think quickly and said, "Rex."

"Rex… alright."

Amr thought for a moment… "Looks like I've got a dog now."

❖ ❖ ❖

The village was relatively empty, with a small population, and even fewer visitors. It was lucky that one of the humans there understood what he was trying to do.

Communicating with humans was one of the hardest things, but for some reason, that white-haired man understood what he wanted.

The important thing was, the man understood the dog and actually helped the injured man. For reasons the dog couldn't explain, he felt a connection toward that stranger—even though he'd never met him before, nor had the man ever fed him.

But after rescuing him from those two and even taking an injury to his leg to save this mysterious man, he felt deeply attached to him… like he was one of his brothers.

الكلْب سِمِع بني آدم بيِعْمِل زيّ صوْت العصافير[1].

"ركْس!" بصّ ناحْيِةْ مصْدر الصّوْت و شاف الرّاجِل العجوز. فِهِم إنُّه بيْنادي عليْه. أكيد هُوَّ عارِف الرّاجِل الغامِض فيْن!

جِري ناحْيِتُه. الرّاجِل طبْطب على دِماغُه قام لافِف و كمِّل و هُوَّ لِسّه بيِعْمِل صوْت العصافير. يا ترى كان أيْه (ركْس) اللي طِلْعِت مِن الرّاجِل دي؟

على قدّ ما كانِت غريبة على قدّ ما الكلْب حسّ إنّها ليه هُوَّ و بسّ.

مِشي وَرا الرّاجِل العجوز شُوَيّة في شَوارِع القرْيَة وِسْط النّاس. بعْد فترْة قُصيرّة وَصلوا عنْد مبْنى صُغيرّ... أكيد كان بيْت الرّاجِل العجوز.

الرّاجِل وِقِف عنْد باب بيْتُه، بصّ لِلكّلْب و قال حاجة مِن ضِمْنها (ركْس) و بعْد كِده دخل و قفل الباب وَراه.

الكلْب اِسْتغْرب بسّ قرّر إنُّه يِسْتنّى. كِده كِده مكانْش عنْدُه حاجة أفْضل يِعْمِلْها. بعْد شُوَيّة الرّاجِل العجوز رِجِع و كان وَراه الرّاجِل التّاني و حَوالِيْن راسُه حاجة بيْضا.

"ركْس! ركْس!" هُوَّ كمان قال الكِلْمة العجيبة دي. واضِح إنّها كانِت ليه فِعْلاً.

[22:27]

The dog heard a human making bird-like sounds.

"Rex!" He looked toward the source of the sound and saw the old man. He understood he was calling him. He must know where the mysterious man is!

He ran toward him. The man patted his head, then turned and continued walking, still making bird sounds. What was that word "Rex" that came out of this man?

As strange as it was, the dog felt like it belonged to him and him alone.

He followed the old man for a bit through the village streets among the people. After a short while, they reached a small building... it must have been the old man's house.

The man stopped at the door of his house, looked at the dog, said something that included "Rex," then went inside and closed the door behind him.

The dog was confused but decided to wait. After all, he didn't have anything better to do. A little while later, the old man came back, and behind him was the other man—with something white wrapped around his head.

"Rex! Rex!" He said the strange word too. Clearly, it really was meant for him.

———————————————————————

[1] This is 'whistling,' of course, but this is from the perspective of the dog, who doesn't know what whistling is and likens it to the sound of birds.

❖ ❖ ❖

عمْرو ندهْ لِلكّلْب.

"ركْس! ركْس!"

الكلْب فِضِل شْوَيّة باصِصْلُه لِحدّ ما ديْلُه بدأ يِلْعب. فجْأة راح عليْه و عمْرو طبْطب على راسُه.

"هُوَّ ده بلدي، مِش كِده برْضُه؟"

عمْرو فِضِل ساكِت شْوَيّة. "واللّهِ يا حاجّ سعيد، أنا جايْبُه مبقاليش كِتير. واحِد صاحْبي لقاه في الشّارِع و لمّا لقى إنُّه مسْؤلية كْبيرة إدّاهوني. و عُمْري ما سألْتُه هُوَّ نوْعُه أيْه."

"مْمْم... أصْل اللّه أكْبر حجْمُه كِبير أوي!"

"فِعْلاً..." عمْرو بصّ على كلْبُه الجِديد و في عيْنُه فُرص كِتير فتحِت قُدّامُه بسّ عشان الكلْب ده... عشان ركْس اللي هَيْساعْدُه في شُغْلُه مِن هِنا و رايِح.

[24:04]

⋄ ⋄ ⋄

Amr called out to the dog.

"Rex! Rex!"

The dog stared at him for a moment until his tail began to wag. Suddenly, he ran to him, and Amr patted his head.

"He's a baladi, right?"

Amr stayed quiet for a moment. "Honestly, Hajj Saeed, I haven't had him long. A friend of mine found him in the street, and when he realized he was too much responsibility, he gave him to me. I never asked what breed he was."

"Mmm... well, God is great—he's huge!"

"He really is..." Amr looked at his new dog, his eyes full of possibilities opening up before him—because of this dog... because of Rex, who would help him in his work from now on.

❖ ❖ ❖

ركْس مِشي تحْت نور القمر في شَوارِع القرْيَة. كان فيه هَوا خفيف و الدُّنْيا كانِت فاضْيَة. لا كان فيه بني آدْمين وَلا كِلاب وَلا قُطط حتّى. كان فيه صمْت تامّ و كان هُوَّ و صاحْبُه المخْلوقات الوَحيدة اللي في الشّارِع.

كان حاسِس بِنوْع مِن الحماس و البهْجة. كان عمل حاجة صاحْبُه حابِبْها جِدّاً... و كانِت بِتْشخْلِل في بُقُّه. كان دايْماً بِيِسْئل نفْسُه هُوَّ ليْه صاحْبُه كان بِيْحِبّ الحاجات الغريبة دي... و ليْه دايْماً يِكافْئُه لمّا يِجيبْهالُه، بِالذّات لمّا تِكون واقْعة مِن بني آدم تاني!

يِمْكِن كانِت لِعْبة ما بيْنْهُم هُمّا التّلاتة! أَوْ مُمْكِن اِمْتِحان!

و المُكافْأة كانِت عشان هُوَّ دايْماً بِيْعدّي الاِمْتِحان! كان كُلّ حاجة بسّ يِجيبْها لِصاحْبُه.

و أكيد طبْعاً صُحاب الحاجة دي بِيْكونوا عارْفين الاِمْتِحان ده.

❖ ❖ ❖

Rex walked under the moonlight through the village streets. There was a light breeze, and the world was empty. No people, no dogs, not even cats. Complete silence—and he and his owner were the only creatures in the street.

He felt a kind of excitement and joy. He had done something his owner really liked... and it was jingling in his mouth. He always wondered why his owner liked these strange things so much... and why he always rewarded him when he brought them—especially when they had dropped from another human!

Maybe it was a game between the three of them! Or maybe a test!

And the reward was because he always passed the test! Whatever it was, he always brought it back to his owner.

And of course, the owners of these things must've known about the test too.

❖ ❖ ❖

عمْرو كان قاعِد على الأرْض في نِصاص اللَّيالي وَرا حيْطة مِن طوب اللّبن. كان راحوا قرْيَة تانْيَة هُوَّ و ركْس. الدُّنْيا كانِت فاضْيَة و القرْيَة مكانْش فيها بني آدم. كان ما بيْن رِجْليْه كيس بِلاسْتيك إسْوِد صُغيرّ، و جُوّاه حَوالي خمسْتلاف جِنيْهْ.

سِمِع صوْت و رفع راسُه بِسُرْعة. عنْد نِهايةْ الحيْطة كان واقِف ركْس. كان عامِل زيّ الدّيب و ضهْرُه لِلبدْر. الواحِد لَوْ مكانْش عارِف إنّ ده كلْبُه كان زمانُه اِتْرعب مِن المنْظر.

صفّرْلُه.

ركْس جِهْ و ديْلُه بيِلْعب و فيه صوْت حاجة بِتْشخْلِل. عمْرو مصدّقْش وِدْنُه.

الكلْب الأبْيَض في إسْوِد نزِّل سِنْسِلة فضّة مِن بُقُّه. "يابْني الأيْه يا ركْس؟ عملْتها إزّاي دي؟ جود بوْي!"

طبْطب عليْه و أخد السِّنْسِلة و حطّها في الكيس و بعْد كِده حطّ الكيس في جيْبُه. قام وِقِف.

[26:12]

✧   ✧   ✧

Amr was sitting on the ground in the middle of the night, behind a mud-brick wall. He and Rex had gone to another village. The place was empty, and there were no people in sight. Between his legs was a small black plastic bag, and inside it—about five thousand pounds.

He heard a sound and quickly lifted his head. At the end of the wall stood Rex. He looked like a wolf, his back to the full moon. If you didn't know he was Amr's dog, the sight would've been terrifying.

He whistled for him.

Rex came over, tail wagging, and something was jingling in his mouth. Amr couldn't believe his ears.

The black-and-white dog dropped a silver necklace from his mouth. "What the hell, Rex? How did you even pull that off? Good boy!"

He patted him and took the necklace, placed it in the bag, then put the bag in his pocket. He stood up.

التّمان شُهور تدْريب خلّوه أحْسن مِن أيّ زِميل حرامي لِعمْرو... يمْكِن أحْسن مِن عمْرو ذات نفْسُه. أكيد وِقْعِت مِن حدّ في الشّارِع و ركْس لقاها. عمْرو طبْطب عليْه ما بينْ وِدانُه.

مِن ساعِةْ ما لقى ركْس و مساره المِهني كحرامي اِتْطوّر بِشكْل فلكي. كان بيِعْرف يُلْقُط السِّلْعة الغالْيَة بمِناخيرُه. كان يِعْرف يِشتِّت النّاس و عمْرو يِعْرف يِشْتغل مِن غيرْ قلق... و غيرْه كِتير.

"فِعْلاً... الكلْب أفْضل صديق لِلإنْسان."

❖ ❖ ❖

عمْرو و ركْس كانوا قاعْدين على جنْب في الشّارِع في عِزّ النّهار. النّاس كانوا مالْيين الشّارِع و رايْحين جايّين مِن قُدّامْهُم. كان عدّى أُسْبوع مِن ساعِةْ آخِر عملية ناجْحة، و دِلْوَقْتي الفُرْصة لِعملية ناجْحة تانْيَة عرضِت نفْسها قُدّامْهُم.

[27:29]

Eight months of training had made him better than any of Amr's thief partners... maybe even better than Amr himself. It must've fallen from someone in the street, and Rex found it. Amr patted him between the ears.

Since the day he found Rex, his career as a thief had skyrocketed. Rex could sniff out the valuable goods. He could distract people while Amr did the job without worry... and more.

"Truly... dog is man's best friend."

❖   ❖   ❖

Amr and Rex were sitting to the side of the street in broad daylight. The street was packed with people coming and going in front of them. A week had passed since their last successful job, and now, the opportunity for another had just presented itself.

عمْرو قام و مِشي ناحْيِةْ الدّخْلة بِتاعِةْ شارِع جانِبي. ركْس كان لازِق فيه طبْعاً. وَصل هِناك و دخل جُوّه الشّارِع... أَوْ ما كان في الحقيقة ممرّ صُغيرّ. على اليمين و الشِّمال كان فيه أُوَض فاضْيَة بِتُسْتعْمل كمخازِن لِحاجات مُخْتلِفة. كُلّ أوْضة كانِت مفْتوحة على الممرّ و كان ليهُم سور قُصيرّ مبْنى مِن الطّوب اللّبن و كان فيه أرْبعة، اِتْنين على اليمين و اِتْنين على الشِّمال.

عمْرو دخل في واحْدة مِنْهُم و قعد وَرا السّور بِحيْث إنّ مفيش حدّ عنْد أيّ مدْخل يِشوفُه. ركْس عمل نفْس الكلام.

بعْد دقايِق راجِل وَصل عنْد المدْخل. كان لابِس جلابية و ماسِك فِلوس في إيدُه كان بِيْعِدُّهُم.

أوِّل ما عمْرو صفّر، ركْس هَوْهَو. الصّوْت هِنا كان أعْلى بِسبب الصّدى.

الرّاجِل اِتْنطر هُوَّ و الفِلوس. بعْدها ركْس خرج مِن الأوْضة و هُوَّ بِيْزمْجر قُدّام الرّاجِل.

في لحْظة الرّاجِل لفّ و جِري مِن الممرّ مِن غيْر ما حتّى يِلِمّ فِلوسُه.

ركْس فِضِل واقِف باصِص لِعمْرو و ديْلُه بِيِلْعب.

[28:37]

Amr got up and walked toward the entrance of a side street. Rex, of course, stuck close. They arrived and entered the alley... which was really a narrow passageway. On both sides were empty rooms used for storing different things. Each room opened directly onto the alley and had a short mud-brick wall in front—four rooms total, two on each side.

Amr entered one of them and sat behind the wall so no one at any entrance could see him. Rex did the same.

After a few minutes, a man arrived at the entrance. He was wearing a galabeya and holding money in his hand, counting it.

As soon as Amr whistled, Rex barked. The sound echoed loudly in the narrow alley.

The man flinched, startled, and dropped the money. Then Rex emerged from the room, growling in front of the man.

In an instant, the man turned and ran out of the passage without even picking up his money.

Rex stood still, looking at Amr, tail wagging.

❖ ❖ ❖

لِسببٍ ما، الرّاجِل هِرِب مِن الامْتِحان... و مكانْش مبْسوط.

يمْكِن ركْس كان فشل في الاِمْتِحان؟

صاحْبُه ظهر مِن وَرا السّور، طبْطب عليْه و نزِل يلِمّ الوَرق بِتاع الرّاجِل.

لمّا ركْس شاف الاِبْتِسامة بِتاعِةْ صاحْبُه اِسْتغْرب. هُوَّ إزّاي مبْسوط و الرّاجِل صاحِب الوَرق مِتْضايِق؟

يمْكِن الرّاجِل عايِز الوَرق؟

ركْس خد وَرْقة في بُقُّه، لفّ، و جِري وَرا الرّاجِل-حتّى و هُوَّ سامِع صاحْبُه بِيِعْترِض. ركْس كان لازِم يِرْضي كُلّ الأطْراف.

مِشي وَرا أثار رِجْل الرّاجِل في الرّمْل. مكانْش بِعِد أوي. كان لِسّه بِيِجْري و فجْأة وِقِف عنْد محلّ.

هِناك وِقِف و بصّ على ركْس و هُوَّ جايّ وَراه و كان باين عليْه الرُّعْب.

كان واحِد تاني برْضُه في المحلّ مخْضوض مِن ركْس... لِحدّ أمّا ركْس قِرِب كِفايَة.

الرّاجِل هِدي. ركْس وِقِف قُدّامُه و حطّ الوَرْقة عنْد رِجْلُه.

✧   ✧   ✧

For some reason, the man had run away from the test... and he wasn't happy about it.

Maybe Rex had failed the test?

His owner appeared from behind the wall, patted him, and started gathering the man's money. When Rex saw his owner smiling, he was confused. How was he happy while the man who owned the money was upset?

Maybe the man wanted the money?

Rex took a bill in his mouth, turned around, and ran after the man— even as he heard his owner calling out to stop him. Rex had to satisfy everyone.

He followed the man's footprints in the sand. He wasn't too far away. He was still running, and suddenly he stopped in front of a shop.

There, he stood, staring at Rex approaching, clearly frightened. Another person in the shop was also startled by Rex... until Rex got close enough.

The man calmed down. Rex stopped in front of him and dropped the bill at his feet.

❖ ❖ ❖

عمْرو لمّ بقيةْ الفِلوس بِسُرْعة و حطّها في جيْبُه و قام جِري وَرا ركْس و الرّاجِل.

طِلع مِن الممرّ و بصّ على شِمالُه و على مسافةْ مية مِترْ لقى ركْس قُصاد الرّاجِل. لمّا قرّب فِهِم الموْقِف.

الرّاجِل كان واقِف، عرْقان... مِن الخضّة أكيد. لاحِظ إنّ عمْرو كان مِركِّز معاه. "إنْتَ صاحِب الكلْب ده؟"

"أه... آسِف على الخضّة... هُوَّ بسّ بِيْحِبّ يِلْعب."

"مِش مُشْكِلة الخضّة. كان معايا فِلوس و وِقْعِت مِنّي لمّا شُفْتُه. كُنْت فاهْمُه هَيِهْجِم عليّا. كُوَيِّس إنُّه رجّع شُوَيّة. إنْتَ معاك الباقي؟"

عمْرو فِضِل ساكِت شُوَيّة.

ركْس بصّ لِصاحْبُه. كان عارِف إنّ بقيةْ الوَرق في جيْب صاحْبُه. فِضِل باصِصْلُه و ديْلُه بِيِلْعب.

صاحْبُه كان باين عليْه إنُّه مُتردِّد بسّ بعْد ثانْيَة طلّع بقيةْ الوَرق اللي في جيْبُه و إدّاها لِلرّاجِل.

✧   ✧   ✧

Amr quickly picked up the rest of the money, stuffed it into his pocket, and ran after Rex and the man.

He came out of the alley and looked to his left. About a hundred meters away, he saw Rex in front of the man. As he got closer, he understood what had happened.

The man was standing there, sweating... clearly from the scare. He noticed Amr was watching him. "Is this your dog?"

"Yeah... sorry about the scare... he just likes to play."

"It's not the scare that's the issue. I had some money and dropped it when I saw him. I thought he was going to attack. Good thing he brought some of it back. Do you have the rest?"

Amr stayed silent for a moment.

Rex looked at his owner. He knew the rest of the money was in his owner's pocket. He kept staring at him, tail wagging.

His owner looked hesitant, but after a second, he took out the rest of the money from his pocket and handed it to the man.

صاحْبُه مكانْش بيِمْتِحْنُه. ده كان كُلّ ده بِياخُد حاجات مِش حاجْتُه.

و لكِن هِنا الأدْوار اِتْبدِّلِت... و الكلْب هُوَّ اللي علِّم صاحْبُه الدّرس. إنّ مَيِنْفعْش تاخُد حاجة مِش بِتاعْتك... مهْما كُنْت مِحْتاج.

و كان عُمْر ما عمْرو يِتْوقّع إنّ الدّرْس ده ييجي مِن كلْب.

"فيه مثل بِيْقول: ديْل الكلْب عُمْرُه ما يِتْعِدِل... بسّ ديْل الكلْب ده فِعْلاً اِتْعدل.[1]

[32:48]

His owner hadn't been testing him. He'd been taking things that weren't his.

But here, the roles had reversed... and it was the dog who taught his owner the lesson: you must never take what isn't yours—no matter how much you need it.

And Amr would've never imagined that such a lesson could come from a dog.

There's a proverb that goes: 'A dog's tail can never be straightened'... but this dog's tail really did straighten out!

---

[1] The title of this book is a play on the proverb ديْل الكلْب عُمْرُه ما يِتْعِدِل (lit. the dog's tail can never be straightened.) The typical street dog (mut) in Egypt is a variety with a curled tail. The proverb means that *people don't change*. But as the human hero of our story, the thief Amr, does have a change of heart at the end, the proverb is proven wrong, thus the title of the book ديْل الكلْب مُمْكِن يِتْعِدِل (lit. the dog's tail can [in fact] be straightened). Of course, this would all be lost in translation, so the English title is simply *A Dog's Tale* (with a play on the words tail/tale) instead.

Arabic Text without Tashkeel

For a more authentic reading challenge, read the story without the aid of diacritics (tashkeel) and the parallel English translation.

في يوم من الأيام كان فيه كلب ماشي و في بقه عضمة. العضمة دي كانت متغطية باللحم شوية و مكانتش كفاية تأكل حتى جرو، و لكن ده اللي كان لقاه و هو بيدور في الزبالة.

الكلب كان عضمه باين تحت جلده. و جلده كان لونه إسود غامق. كان فيه شوية شعر طالعينله في ديله من تحت و شوية في جناب وشه بس غير كده كان يعتبر أملس.

كان ماشي بسرعة خفيفة وسط الناس، و الحمد لله مكانش حد مهتم بقربه منهم على عكس الطبيعي. في العادي الناس كانت يا إما بتخاف منه أو بتحدفه بالطوب. و لكن مكانش فيه ناس النهارده كتير.

الكلب عدى بني آدم و قام محود شمال.

فجأة سمع صوت زمارة عربية على شماله بيقرب بسرعة عالية جدا و صوت الكاوتش بيكحت في الأسفلت. الكلب اتفزع و حس برعشة في جسمه. على شماله كان فيه عربية كبيرة واقفة و كان فيه دخان أبيض طالع من تحت الكاوتش.

بعد لحظة كان فيه راس بني آدم خارجة من الشباك و كان بيعمل صوت عالي و وشه مكشر. الكلب فضل باصصله شوية و ودانه نازلة.

بعد ما عرف إن مفيش خطر، الكلب اتأكد إن الشارع مفيهوش عربيات تانية و قام دخل في الشجر.

كان بعد المدخل اللي كله شجر ده جنينة صغيرة، و الناس اللي كانوا بيدخلوا هنا كانوا قليلين.

ده لو كان فيه أثار لوجود الناس في الجنينة الرملية دي كانوا مش هيكونوا غير أكياس البلاستيك الملونة و اللي مش ملونة.

كانت الجنينة عبارة عن أرض رملية و شوية زرع و شجرة كبيرة في النص، و تحت الشجرة كان فيه كلبة نايمة و مدية ضهرها ليه.

الكلب كان شايف بياض جلدها من عنده، و حس بفرحة لما عينه جت عليها.

قام راحلها و ديله بيلعب.

حست بيه و لفت راسها. عينيها كان باين فيها التعب، و مع ذلك كان شايف الفرحة اللي فيها.

و جنبها كان نايم خمس جراوي صغيرين، يادوبك عندهم كام أسبوع. الكلب حس بنوع من الإطمئنان لما شاف مراته و ولاده... بس كان فيه حاجة غلط. الكلب نزل العضمة قدام مراته.

فين إبنه السادس؟

و كإن إبنه كان سامع تفكيره، الكلب سمع صوت حاجة جاية من وراه. لف و شاف كتلة صغيرة، خليط من الإسود و الأبيض، جاية جري و في بقها حاجة.

لما إبنه قرب كفاية الكلب لاحظ إن كان اللي في بق إبنه شريحة صغيرة من العضمة اللي كانت في بقه هو ذات نفسه. الواضح إنها كانت واقعة منه و هو مش واخد باله.

الجرو وصل عند أبوه و نزل الشريحة اللي كانت في بقه و ديله بيلعب. قام جاري من قدام أبوه و راح على أمه و إخواته.

ده كان الجرو الأكتر حيوية في الخلفة دي، و كان أذكاهم كمان. لف عشان يبص على إبنه لقاه اختفى تاني.

بس رجله كانت باينة في الأرض. الجرو كان مشي شوية في الرمل قبل ما يدخل شمال و يخرج على الشارع.

يخرج على الشارع... الشارع! خطر!

الكلب جري ورا أثار رجل إبنه و عدى في الشجر و طلع على رصيف الشارع فجأة.

مكانش فيه عربيات. بص يمين... شوية ناس. بص شمال... شاف إبنه. ديله بيلعب و قدامه قطة. و هو بيبص على القطة، لقاها بتضرب إبنه على وشه.

تلقائيا الكلب جري ناحيتهم و هو بيهوهو بصوت عالي و ديله واقف.

القطة أول ما شافت الكلب هربت الناحية التانية.

و إبنه كان بيصوت من الضربة و بيجري ناحيته. لما قرب منه الكلب لاحظ إن كان فيه دم حوالين عين الجرو، بس من حسن حظه إن الضربة مجابتش عينه ذات نفسها.

الجرو كان بيطلع صوت عياط و دخل براسه في رجل أبوه و ديله ما بين رجليه.

الإصابة على قد ما كانت بسيطة، هتفضل معلمة على إبنه بقية عمره، مجازيا و حرفيا.

❖ ❖ ❖

صوت هوهوة الكلاب كان مسمع في حتة من مكان الواحد يفتكر إنه بس صحرا، لكن في الحقيقة هي كانت أرض واسعة كان بيتبني فيها نوع من أنواع المباني بتاعة البني آدمين. المهم كان جوه المبنى اللي كان لسه عبارة عن طوب و مونة أسمنت مجموعة من الكلاب من الواضح إنها هايجة.

و السبب البسيط إنه كان فيه فار الحقيقة مكانش ولا واحد من الكلاب عارف يمسكه، و كان بقالهم فترة على الحال ده... مستنيينه يطلع من الإخرام اللي كانت مالية المبنى عشان يهجموا عليه في نفس الوقت لحد أما يرجع يستخبى في خرم من الإخرام تاني.

كانوا خمس كلاب ورا فار واحد، و مع ذلك حتى بحجمهم و بسرعتهم كان الفار أذكى منهم.

لحد أما فجأة المجموعة شافت الفار خارج من خرم بعيد عنهم لدرجة إن أسرعهم مكانش هيلحقه مهما حاول.

و مع ذلك ظهر الكلب السادس الناحية التانية من الممر اللي كانوا واقفين فيه. كان أبيض في إسود و أول ما شافوه كان أصلا خلاص عينه على الفار اللي أه هرب من خمس كلاب... و لكن كان بدأ يكون واثق في نفسه بزيادة أو غلط غلطة بتمن حياته. أيا ما كان هو في الآخر معرفش يهرب من الكلب السادس اللي كان وجوده غير متوقع بالمرة.

في عفرة من التراب و زمجرة من الكلب، و صويت الفار، عملية الصيد خلصت.

و بعد ثواني ظهرلهم أخوهم وسط التراب و في بقه جثة الفار.

إن دايما هو اللي بيخلص الدنيا... محدش كان عارف أيه سبب تفوقه الشاسع على إخواته. يمكن السبب هو أثر الجرح اللي على عينه و كان أخده من قطة لما كان جرو.

يمكن لو حد فيهم جاب قطة يبقى أحسن منه. حتى هو ذات نفسه مكانش يقدر يجري ورا قطة. أكيد سبب الإصابة دي كان معلم معاه!

كالمتوقع، و كعادة لأي كلب، أخوهم عدى بجايزته من قدامهم.

و ولا واحد فيهم كان يقدر يكلمه.

بعد فترة مش قصيرة الكلب كبر و بقى مستقل بذاته، و آخر مرة شاف، و هيشوف، فيها أهله كان برضه من فترة كبيرة. كان ساعات بيزعل على فراقه ليهم، بس دي كانت سنة الحياة و كان دوره جه خلاص إنه يبدأ أسرة.

و مكانش هو لوحده اللي مشي. كل واحد من إخواته شاف سكته هو كمان.

حياة الكلب لوحده على قد ما بتكون صعبة كانت برضه بتكافئه لو هو سعى و فضل مبدع في طرق يلاقي بيها أكل يعيشه و لو أسبوع كمان. و على قد ما كان

فيه كلاب تانية كتير بتنافس على الأراضي و على الأكل كان فيه كفاية من الاتنين للكل، و ساعات بزيادة كمان.

ده غير إن على قد ما كان فيه بني آدمين بيكرهوا كلاب الشارع اللي زيه. كان فيه ناس عندها قلب و بتديله أكل و حنان كمان. الدنيا كان فيها خير لللي بيدور على الخير و فيها شر لللي بيدور على الشر.

و دلوقتي كان بيدور على الأكل. للأسف كان بقاله فترة كبيرة مشبعش و بسبب ده كان الأكل من متطلباته المتكررة في اليوم الواحد.

آخر مرة أكل كان بواقي عضم فراخ من الزبالة.

❖ ❖ ❖

الدنيا ضلمة و عمرو كان حاسس بالخنقة الشديدة. وشه كان متغطي بكيس بلاستيك إسود و هو كان متكتف بجنزير حديد. الجنزير كان قافش على معصمه بقاله أكتر من ساعتين. أكيد كان بدأ يورم. العطش كان هيموته.

فجأة العربية وقفت. بعد ثانية سمع صوت باب العربية بيفتح و بيقفل. بعدها نفس الكلام مع الباب المعاكس.

"أكيد وصلوا لمكان منعزل. أه يا ولاد الكلاب!" عمرو قال في سره.

فجأة باب الشنطة بتاعة العربية فتح و عمرو حس بهوا و شمس حتى و وشه متغطي بالكيس. واضح إن شوية كمان جوه الشنطة و كان هيموت من الخنقة.

كان فيه اتنين زمايل ليه خاطفينه بسبب إنه كان ناوي يخونهم. مكانش عارف كانوا ناوين يعملوا فيه أيه.

حد فيهم مسك عمرو من دراعه و نزله على ركبته بعدها شد الكيس. نور الشمس كان يعمي، بس بعدها بشوية شاف وش زمايله و وراهم مبنى لسه طوب و أسمنت. مكانش فيه روح في المكان. عمرو مكانش عارف هو فين. عمرهم ما كانوا بياخدوا حد المكان ده لما كانوا بيخطفوه.

"منور يا حيلتها." زميل عمرو قالها و كان في وشه الاشمئزاز.

"إنتو جبتوني فين؟" عمرو سأل و في صوته شوية خوف.

"إحنا مش جايبينك هنا عشان تسألنا يا صاحبي!" زميل عمرو التاني رد. "إنت ليلتك سودا النهارده."

"و لو حافظ أي أدعية أنصحك تبدأ من دلوقتي إن وشك يرجع زي ما هو."

"مش فاهم... يرجع فين و من أيه؟"

"إنت يابني تحمد ربك إنك لسه عايش. لولا العشرة كان زماني دفنتك مكان ما إنت قاعد."

الضربة اللي نزلت على وش عمرو كانت هتخليه يغمى عليه، بس فضل فايق حتى و الدنيا بتسود و ودنه عمالة تزن. عمرو مكانش فاهم هو اتضرب بأيه بس بغض النظر هو كان حاسس إن راسه اتفتحت.

يادوبك فاق شوية عشان يلحق يشوف عصاية خشب في إيد الواد و هي نازلة عليه.

الضربة دي جابته الأرض فعلا، بس للأسف كان لسه فايق عشان يحس بالضربات الجاية.

"حظ أمي المنيل!" عمرو قال في سره.

"أيه ده؟ طلع منين ده؟" واحد منهم قال. كان في صوته نوع من الخوف.

"معرفش... هو ماله كبير كده ليه؟ ارجع يلا! ارجع!" التاني زعق، بس مكانش بيزعق لزميله و أكيد مش لعمرو. كان فيه حد تاني.

عمرو سمع صوت رجل جنبه، بس مكانتش رجل بني آدم... و اتأكد من ده لما سمع صوت زمجرة كلب.

"ده بيزمجر كمان!"

”بقولك أيه، إحنا مش ناقصين قرف. طلعله المسدس!“

”مسدس أيه يابني إنت كمان؟ ما قلنا مفيش مسدسات.“

الكلب هوهو مرة واحدة و لولا إن عمرو كان على وشك إنه يغمى عليه كان زمانه طار من الخضة.

”يابن الجزمة!“ حد فيهم قال. عمرو مكانش قادر يفرق بين صوتهم خلاص.

”يلا على العربية!“

صوت زمجرة أعلى. عمرو سمعهم بيجروا و بعد كده سمع صوت الكلب بيجري وراهم.

”اااه! عضني! عضني إبن المرة!“

”اركب بسرعة!“

عمرو ابتسم لنفسه شوية. كان صوتهم بعد على إنه يترجم أيه اللي بيحصل. ”أه... والله و بعد كل ده و هموت على إيد كلب! أيه يا دنيا، موراكيش غيري ولا أيه؟“

❖ ❖ ❖

عمرو فاق.

السما قدامه كان زرقان صافي، و مكان الشمس مكانش اتغير أوي. اللي هو يا إما عدى خمس دقايق يا إما أربعة و عشرين ساعة.

عمرو ملاحظش الصداع الشديد غير بعد ثواني من فواقانه، و كان لسه صوت الزن شغال في ودنه. و هو بيتألم قام قعد و بص حواليه. مكانش فيه لا زمايله ولا عربية... ولا الكلب.

عمرو لاحظ إن كان فيه بقعة دم على الأرض مطرح ما كان حاطط راسه. ”كان ممكن الموضوع يبقى أسوأ من كده!“

عمرو سمع صوت هوهوة و شاف الكلب لاول مرة. كان كبير و لونه خليط من الإسود و الأبيض. كان جاي ناحيته و هو بيعرج و باصصله في عينيه. واضح إن الموقف كان أمان و إن الكلب مكانش ناوي يعمله حاجة. ده بالعكس... الكلب دافع عنه و اتوجع عشانه.

"الله أعلم الكلب ده جه منين."

و دلوقتي كان عليه إنه يوصل لأي مكان فيه ناس عشان يشوف الإصابة اللي في راسه و يرجع لحياته الطبيعية.

❖ ❖ ❖

عمرو صحي في سرير، متغطي و في أوضة غريبة لوحده. بص فوق لقى مروحة متعلقة في السقف و كانت يادوبك على قدها. كان جنبه شباك مدخل نسمة هوا و الوقت كان باين إنه العصرية.

افتكر إصابته و جه يحط إيده على راسه، لقى فيه رباط حوالين راسه.

قبل ما يلحق يترجم دخل عليه راجل كبير في السن. كان ماسك صنية فيها عيش، فول و طعمية، و كوباية ماية. "أخيرا فقت! يا جدع، كنت مخوفني عليك!"

"هو أنا فين؟"

"نورت قرية البلقاس!" الراجل ابتسم و حط الصنية على الكرسي و شد واحد تاني و قعد عليه. "احكيلي بقى... إنت أيه اللي جرالك؟"

"والله يا حاج، اللي حصل إن كان فيه اتنين طلعوا عليا و خطفوني و ضربوني زي ما إنت شايف كده... بس الحمد لله ربنا ستر."

"فعلا، إحمد ربك إنها جت على قد كده. خير يابني... بس بصراحة كلبك ده إنت تمسك فيه بإيديك و سنانك."

عمرو استغرب. "ليه؟ هو عمل أيه؟"

”لولاه يا باشا كان زمانك لسه في الصحرا. ده جه لحد القرية و قعد يهوهو على كل واحد معدي من جنبه لحد أما شافني أنا و لقيته بيهوهو عليا و يجري بعيد شوية. مش خوفا مني لأ، بس و كإنه بيقولي تعالى ورايا. بصراحة و الحمد لله الفضول خدني و مشيت وراه، و فترة كبيرة. معرفش أيه اللي خلاني وراه كل ده. سبحان الله يا أخي!“

عمرو فضل ساكت شوية. معقولة كل ده حصل؟ ”إسمك أيه يا حاج؟“

”أنا الحاج سعيد.“

”أهلا و سهلا يا حاج سعيد. أنا عمرو.“

”عاشت الأسامي يا عمرو... اتشرفت بمعرفتك.“ الراجل قام و مد إيده.

عمرو خدها و سلم عليه. ”الشرف ليا طبعا. مش عارف أقدر أشكرك إزاي... بس الكلب كان متعور في إيده... حد عالجهاله؟“

”ودناه لطبيب بيطري بتاع القرية. الكلب إيده تمام و بيمشي عليها زي الفل دلوقتي.“

”طب هو فين؟“

”هتلاقيه بره بيتمشى. استنى أندهولك.“ الراجل اتجه ناحية الباب بس وقف تاني. ”هو إسمه أيه صحيح؟“

عمر كان لازم يفكر بسرعة و قال: ”ركس.“

”ركس... تمام.“

عمرو فضل يفكر شوية...”باينلي كده بقى عندي كلب.“

❖ ❖ ❖

القرية كانت نسبيا فاضية، و عدد سكانها كان قليل، و عدد زوارها كانوا لسه أقل. كان حسن حظه إن واحد من البني آدمين دول فهم هو كان يقصد أيه.

الكلام مع البني آدمين كان من أصعب الحاجات، بس لسبب ما الراجل اللي شعره أبيض ده فهم هو كان عايز أيه.

المهم إنه فهم الكلب كان عايز أيه و فعلا ساعد الراجل المصاب ده. لسبب الكلب مكانش عارف تفسيره حس بتعلق ناحية الراجل الغريب ده، مع إنه متعاملش معاه قبل كده، ولا كان الراجل أكله مرة قبل كده.

بس بعد إنقاذه من الاتنين دول و حتى تحمله لإصابة في رجله عشان ينقذ الراجل الغامض ده، كان حاسس بتعلق شديد تجاهه... و كإنه واحد من إخواته.

الكلب سمع بني آدم بيعمل زي صوت العصافير.

"ركس!" بص ناحية مصدر الصوت و شاف الراجل العجوز. فهم إنه بينادي عليه. أكيد هو عارف الراجل الغامض فين!

جري ناحيته. الراجل طبطب على دماغه قام لافف و كمل و هو لسه بيعمل صوت العصافير. يا ترى كان أيه (ركس) اللي طلعت من الراجل دي؟

على قد ما كانت غريبة على قد ما الكلب حس إنها ليه هو و بس.

مشي ورا الراجل العجوز شوية في شوارع القرية وسط الناس. بعد فترة قصيرة وصلوا عند مبنى صغير... أكيد كان بيت الراجل العجوز.

الراجل وقف عند باب بيته، بص للكلب و قال حاجة من ضمنها (ركس) و بعد كده دخل و قفل الباب وراه.

الكلب استغرب بس قرر إنه يستنى. كده كده مكانش عنده حاجة أفضل يعملها. بعد شوية الراجل العجوز رجع و كان وراه الراجل التاني و حوالين راسه حاجة بيضا.

"ركس! ركس!" هو كمان قال الكلمة العجيبة دي. واضح إنها كانت ليه فعلا.

عمرو نده للكلب.

"ركس! ركس!"

الكلب فضل شوية باصصله لحد ما ديله بدأ يلعب. فجأة راح عليه و عمرو طبطب على راسه.

"هو ده بلدي، مش كده برضه؟"

عمرو فضل ساكت شوية. "والله يا حاج سعيد، أنا جايبه مبقاليش كتير. واحد صاحبي لقاه في الشارع و لما لقى إنه مسؤلية كبيرة إداهوني. و عمري ما سألته هو نوعه أيه."

"ممم... أصل الله أكبر حجمه كبير أوي!"

"فعلا..." عمرو بص على كلبه الجديد و في عينه فرص كتير فتحت قدامه بس عشان الكلب ده... عشان ركس اللي هيساعده في شغله من هنا و رايح.

ركس مشي تحت نور القمر في شوارع القرية. كان فيه هوا خفيف و الدنيا كانت فاضية. لا كان فيه بني آدمين ولا كلاب ولا قطط حتى. كان فيه صمت تام و كان هو و صاحبه المخلوقات الوحيدة اللي في الشارع.

كان حاسس بنوع من الحماس و البهجة. كان عمل حاجة صاحبه حاببها جدا... و كانت بتشخلل في بقه. كان دايما بيسئل نفسه هو ليه صاحبه كان بيحب الحاجات الغريبة دي... و ليه دايما يكافئه لما يجيبهاله، بالذات لما تكون واقعة من بني آدم تاني!

يمكن كانت لعبة ما بينهم هما التلاتة! أو ممكن امتحان!

و المكافأة كانت عشان هو دايما بيعدي الامتحان! كان كل حاجة بس يجيبها لصاحبه.

و أكيد طبعا صحاب الحاجة دي بيكونوا عارفين الامتحان ده.

❖   ❖   ❖

عمرو كان قاعد على الأرض في نصاص الليالي ورا حيطة من طوب اللبن. كان راحوا قرية تانية هو و ركس. الدنيا كانت فاضية و القرية مكانش فيها بني آدم. كان ما بين رجليه كيس بلاستيك إسود صغير، و جواه حوالي خمستلاف جنيه.

سمع صوت و رفع راسه بسرعة. عند نهاية الحيطة كان واقف ركس. كان عامل زي الديب و ضهره للبدر. الواحد لو مكانش عارف إن ده كلبه كان زمانه اترعب من المنظر.

صفرله.

ركس جه و ديله بيلعب و فيه صوت حاجة بتشخلل. عمرو مصدقش ودنه.

الكلب الأبيض في إسود نزل سنسلة فضة من بقه. "يابني الأيه يا ركس؟ عملتها إزاي دي؟ جود بوي!"

طبطب عليه و أخد السنسلة و حطها في الكيس و بعد كده حط الكيس في جيبه. قام وقف.

التمان شهور تدريب خلوه أحسن من أي زميل حرامي لعمرو... يمكن أحسن من عمرو ذات نفسه. أكيد وقعت من حد في الشارع و ركس لقاها. عمرو طبطب عليه ما بين ودانه.

من ساعة ما لقى ركس و مساره المهني كحرامي اتطور بشكل فلكي. كان بيعرف يلقط السلعة الغالية بمناخيره. كان يعرف يشتت الناس و عمرو يعرف يشتغل من غير قلق... و غيره كتير.

"فعلا... الكلب أفضل صديق للإنسان."

عمرو و ركس كانوا قاعدين على جنب في الشارع في عز النهار. الناس كانوا ماليين الشارع و رايحين جايين من قدامهم. كان عدى أسبوع من ساعة آخر عملية ناجحة، و دلوقتي الفرصة لعملية ناجحة تانية عرضت نفسها قدامهم.

عمرو قام و مشي ناحية الدخلة بتاعة شارع جانبي. ركس كان لازق فيه طبعا. وصل هناك و دخل جوه الشارع... أو ما كان في الحقيقة ممر صغير. على اليمين و الشمال كان فيه أوض فاضية بتستعمل كمخازن لحاجات مختلفة. كل أوضة كانت مفتوحة على الممر و كان ليهم سور قصير مبني من الطوب اللبن و كان فيه أربعة، اتنين على اليمين و اتنين على الشمال.

عمرو دخل في واحدة منهم و قعد ورا السور بحيث إن مفيش حد عند أي مدخل يشوفه. ركس عمل نفس الكلام.

بعد دقايق راجل وصل عند المدخل. كان لابس جلابية و ماسك فلوس في إيده كان بيعدهم.

أول ما عمرو صفر، ركس هوهو. الصوت هنا كان أعلى بسبب الصدى.

الراجل اتنطر هو و الفلوس. بعدها ركس خرج من الأوضة و هو بيزمجر قدام الراجل.

في لحظة الراجل لف و جري من الممر من غير ما حتى يلم فلوسه.

ركس فضل واقف باصص لعمرو و ديله بيلعب.

❖ ❖ ❖

لسبب ما، الراجل هرب من الامتحان... و مكانش مبسوط.

يمكن ركس كان فشل في الامتحان؟

صاحبه ظهر من ورا السور، طبطب عليه و نزل يلم الورق بتاع الراجل. لما ركس شاف الابتسامة بتاعة صاحبه استغرب. هو إزاي مبسوط و الراجل صاحب الورق متضايق؟

يمكن الراجل عايز الورق؟

ركس خد ورقة في بقه، لف، و جري ورا الراجل-حتى و هو سامع صاحبه بيعترض. ركس كان لازم يرضي كل الأطراف.

مشي ورا أثار رجل الراجل في الرمل. مكانش بعد أوي. كان لسه بيجري و فجأة وقف عند محل.

هناك وقف و بص على ركس و هو جاي وراه و كان باين عليه الرعب. كان واحد تاني برضه في المحل مخضوض من ركس... لحد أما ركس قرب كفاية. الراجل هدي. ركس وقف قدامه و حط الورقة عند رجله.

❖   ❖   ❖

عمرو لم بقية الفلوس بسرعة و حطها في جيبه و قام جري ورا ركس و الراجل.

طلع من الممر و بص على شماله و على مسافة مية متر لقى ركس قصاد الراجل. لما قرب فهم الموقف.

الراجل كان واقف، عرقان... من الخضة أكيد. لاحظ إن عمرو كان مركز معاه. "إنت صاحب الكلب ده؟"

"أه... آسف على الخضة... هو بس بيحب يلعب."

"مش مشكلة الخضة. كان معايا فلوس و وقعت مني لما شفته. كنت فاهمه هيهجم عليا. كويس إنه رجع شوية. إنت معاك الباقي؟"

عمرو فضل ساكت شوية.

ركس بص لصاحبه. كان عارف إن بقية الورق في جيب صاحبه. فضل باصصله و ديله بيلعب.

صاحبه كان باين عليه إنه متردد بس بعد ثانية طلع بقية الورق اللي في جيبه و إداها للراجل.

صاحبه مكانش بيمتحنه. ده كان كل ده بياخد حاجات مش حاجته.

و لكن هنا الأدوار اتبدلت... و الكلب هو اللي علم صاحبه الدرس. إن مينفعش تاخد حاجة مش بتاعتك... مهما كنت محتاج.

و كان عمر ما عمرو يتوقع إن الدرس ده ييجي من كلب.

"فيه مثل بيقول: ديل الكلب عمره ما يتعدل... بس ديل الكلب ده فعلا اتعدل."

Comprehension Questions

1. ليْه الكلْب كان ماشي في الشّارِع و في بُقُّه عضْمة؟
2. أيْه كان لوْن الكلْب و شكْلُه كان عامِل إزّاي؟
3. ليْه القُطّة ضرْبِت البوبي على وِشُّه؟
4. أيْه كان أثر الضّرْبة على البوبي؟
5. إزّاي الخمْس كِلاب معرْفوش يمِسْكوا الفار؟
6. إزّاي الكلْب السّادِس قِدِر يمْسِك الفار؟
7. ليْه الكلْب السّادِس كان أشْطر مِن إخْواتُه؟
8. ليْه الحاجّ سعيد مِشي وَرا الكلْب؟
9. أيْه اللي كان بيِحْصل لمّا عمْرو كان بيْصفّر لِركْس؟
10. إزّاي ركْس علِّم عمْرو درْس في الآخِر؟
11. أيْه كان ردّ فِعْل الرّاجِل لمّا شاف ركْس في الزُّقاق؟
12. ليْه عمْرو سمّى الكلْب ركْس؟
13. إزّاي الحاجّ سعيد ساعِد عمْرو؟
14. كام شهْر درّب عمْرو فيها ركْس؟
15. ليْه ركْس رجّع الفِلوس لِلرّاجِل؟
16. مين اللي خطف عمْرو و ليْه؟
17. أيْه كان دوْر ركْس في إنْقاذ عمْرو؟
18. إزّاي عمْرو و ركْس كانوا بيِشْتغلوا معَ بعْض؟
19. ليْه ركْس كان مِفكّر إنّ السّرْقة لِعْبة؟
20. أيْه المثل اللي اتْذكر في آخِر القِصّة؟

1. Why was the dog walking in the street with a bone in his mouth?
2. What was the dog's color and appearance?
3. Why did the cat strike the puppy in the face?
4. What was the effect of the strike on the puppy?
5. How did the five dogs fail to catch the mouse?
6. How did the sixth dog manage to catch the mouse?
7. Why was the sixth dog superior to his siblings?
8. Why did Hajj Saeed follow the dog?
9. What would happen when Amr whistled for Rex?
10. How did Rex teach Amr a lesson in the end?
11. What was the man's reaction when he saw Rex in the alley?
12. Why did Amr name the dog Rex?
13. How did Hajj Saeed help Amr?
14. How many months did Amr train Rex?
15. Why did Rex return the money to the man?
16. Who kidnapped Amr and why?
17. What was Rex's role in saving Amr?
18. How did Amr and Rex work together?
19. Why did Rex think theft was a game?
20. What proverb was mentioned at the end of the story?

1. لقى العضْمة و هُوَّ بِيْدوّر في الزِّبالة و كانِ فيها شُوَيِّةْ لحْمة.
2. كان لوْنُه إسْوِد غامِق و كان ناعِم عدا شُوَيِّةْ شعْر في ديْلُه و جِناب وِشُّه.
3. لأنّ البوبي كان بِيِلْعب قُدّامْها فضرْبِتُه.
4. سابِت علامة على وِشُّه جنْب عيْنُه و كانِت السّبب في شطارْتُه بعْد كِده.
5. عشان الفار كان بِيِسْتخبّى في الإخْرام و كان أذْكى مِنْهُم.
6. عشان ظهْر مِن ناحْيَة تانْيَة مِش مُتَوَقّعة و الفار مكانْش عامِل حِسابُه.
7. مِن التّعْويرة اللي على عيْنُه و اللي اتْعلِّمُه مِنْها.
8. عشان الكلْب فِضِل يِهَوْهَوْ على كُلّ النّاس و بعْديْن قعد يِجْري قُدّامُه.
9. لمّا عمْرو كان بِيْصفّر، ركْس كان بِيْهَوْهَوْ و يِخوِّف النّاس.
10. رجّع الفِلوس لِصاحْبها و خلّى عمْرو يِحِسّ بِالذّنْب و يِرْجع باقي الفِلوس.
11. الرّاجِل خاف و جِري و ساب الفِلوس وَراه.
12. عمْرو قال الإسْم بِسُرْعة لمّا الحاجّ سعيد سألُه.
13. خد عمْرو في بيْتُه و عالْجُه و ساعِد في عِلاج ركْس كمان.
14. تمان شُهور درّب فيها ركْس على السّرْقة.
15. لِأنُّه كان فاكِر إنّ كُلّ ده كان لِعْب و اِمْتِحان و إنُّه لازِم يِرْجع الحاجات لِأصْحابْها.
16. صُحابُه اللي بِيِسْرقوا برْضو خطفوه عشان كان ناوي يِخونْهُم.
17. هاجِم اللي جايّين يِخْطفوه و خلّاهُم يِهْرِبوا و بعْديْن راح جاب حدّ يِساعِدْهُم.
18. ركْس كان بِيِلْبِخ النّاس و عمْرو كان بِيِسْرق.
19. عشان عمْرو كان بِيْكافْئُه على كُلّ حاجة بِيْجيبْها.
20. ديْل الكلْب عُمْرُه ما يِتْعدِل.

1. He found the bone while searching through garbage and it was covered with a little meat.
2. He was dark black and smooth except for a little hair on his tail and sides of his face.
3. Because the puppy was playing in front of her and she struck him.
4. It left a mark near his eye and became the reason for his later excellence.
5. Because the mouse would hide in holes and was smarter than them.
6. Because he appeared from an unexpected direction and the mouse wasn't prepared.
7. Because of the injury near his eye and the experience he gained from it.
8. Because the dog kept barking at everyone and then ran in front of him.
9. When Amr would whistle, Rex would bark and frighten people.
10. He returned the money to its owner and made Amr feel guilty and return the rest.
11. The man got scared and ran away, leaving the money behind.
12. Amr quickly chose the name when Hajj Saeed asked him.
13. He took Amr into his house, treated his injury, and helped treat Rex too.
14. Eight months during which he trained Rex in theft.
15. Because he thought it was all a game and test and things should be returned to their owners.
16. His associates in theft kidnapped him because he was planning to betray them.
17. He attacked the kidnappers and made them run away, then brought help.

18. Rex would distract people's attention while Amr would steal.
19. Because Amr would reward him for everything he brought.
20. A dog's tail can never be straightened.

Summary

Read the scrambled summary of the story below. Write the correct number (1–10) in the blank next to each event to show the proper sequence.

___ كلْب صُغيرّ اِتْضرب مِن قُطّة و فِضِلت مِعلّمة على وِشُّه.

___ ركْس و عمْرو اِشْتغلوا معَ بعْض في السّرْقة.

___ ركْس خوّف راجِل و الفِلوس وِقْعِت مِنُّه.

___ الكلْب أنْقذ عمْرو و جاب الحاجّ سعيد عشان يِساعْدُه.

___ الكلْب سِمِع صوْت عربية و شاف زمايِل عمْرو بيِضْربوه.

___ ركْس كان فاكِر إنّ السّرْقة لِعْبة و اِمْتِحان.

___ عمْرو خد الكلْب يِربّيه و سمّاه ركْس.

___ ركْس رجّع جُزء مِن الفِلوس لِلرّاجِل.

___ عمْرو اِتْعلِّم درْس مِن ركْس و رجّع باقي الفِلوس.

___ الكلْب كِبِر و بقى أقْوى مِن إخْواتُه و عِرِف يمْسِك الفار.

Key to the Summary

1   A small dog was struck by a cat and was left with a mark on his face.

6   Rex and Amr worked together in theft.

8   Rex frightened a man and made him drop his money.

4   The dog rescued Amr and brought Hajj Saeed to help him.

3   The dog heard a car sound and saw Amr's associates beating him.

7   Rex thought theft was a game and a test.

5   Amr took the dog and named him Rex and began training him.

9   Rex returned part of the money to the man.

10   Amr learned a lesson from Rex and returned the rest of the money.

2   The dog grew up and became stronger than his siblings and managed to catch the mouse.

Egyptian Arabic Readers Series

www.lingualism.com/ear

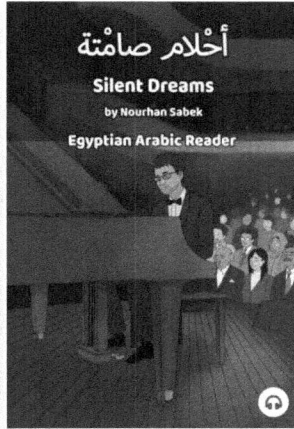

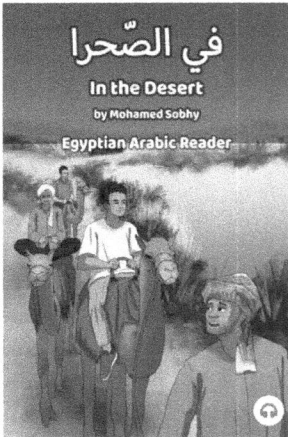

أَحْلام صامْتة
Silent Dreams
by Nourhan Sabek
Egyptian Arabic Reader

لعْنةْ الإسْكنْدر
Alexander's Curse
by Mostafa Abdel Nasser
Egyptian Arabic Reader

Egyptian Arabic Reader
ميدان التّحْرير
Tahrir Square
by Mohamad Osman

في الصّحرا
In the Desert
by Mohamed Sobhy
Egyptian Arabic Reader

Egyptian Arabic Reader
أمل
Hope
by Nourhan Sabek

Egyptian Arabic Reader
الصّداقة ولّا الحُبّ؟
Friendship or Love?
by Nourhan Sabek

شيريهان
Sherihan
Egyptian Arabic Reader

سرّ النّجاح
The Secret of Success

جيتار الحُبّ
The Guitar of Love
Egyptian Arabic Reader

الدّجّال
The Charlatan

كأنّي بَبُصّ في المراية
Like Looking in a Mirror

Egyptian Arabic Reader
جَوازي صالوْنات
My Arranged Marriage
by Nourhan Sabek

Egyptian Arabic Reader
الصّيّاد و العُمْلة المعْدنية
The Fisherman and the Coin
by Mohamed Sobhy

المومْيا
The Mummy
by Mohamad Osman
Egyptian Arabic Reader

www.ingramcontent.com/pod-product-compliance
Lightning Source LLC
Chambersburg PA
CBHW072049040426
42447CB00012BB/3081
* 9 7 8 1 9 4 9 6 5 0 1 8 1 *